An Rí Rua

Fairtheoireacht Éan

An Clár

An Caislín Cloch

An Siscín

Usborne Publishing Ltd a chéadfhoilsigh
faoin teideal *Birdwatching*.

© Usborne Publishing Ltd, 1992, 1985, 1976

An Leagan Gaeilge
© Foras na Gaeilge, 2002

Gach ceart ar cosaint.

Sa Bheilg a clóbhuaileadh.

ISBN 1-85791-444-9

An Gúm, 24–27 Sráid Fhreidric Thuaidh,
Baile Átha Cliath 1

Bí i d'fhairtheoir éan

Is é an rud is mó a chaithfidh fairtheoir éan a dhéanamh leabhar nótaí a bheith aige. Má fhéachann tú leis na sonraí go léir a choinneáil i do chloigeann, seans go ndéanfaidh tú dearmad ar rudaí tábhachtacha.

Gach nóta a dhéanfaidh tú, bíodh sé soiléir soléite. Taispeánann an léaráid ar deis an chaoi le do leabhar nótaí a leagan amach. Déan iarracht pictiúir a tharraingt de na héin a fheicfidh tú. Is fearr drochlíníocht féin ná gan dada.

Más féidir leat é, tabhair an leabhar seo leat agus tú ag dul amach ag cuardach éan. Na héin a fheicfidh tú, cabhróidh an leabhar leat iad a aithint.

Bíonn ar an bhfairtheoir éan nótaí a dhéanamh go sciobtha. Úsáid leabhar nótaí cosúil leis an gceann thall. Tá clúdach crua air – áis duit nuair a bheidh tú ag scríobh taobh amuigh. Cuir do nótaí i gcomhad de réir ord na ndátaí nuair a thiocfaidh tú abhaile nó scríobh amach go néata i leabhar iad. Chun do leabhar nótaí a choinneáil tirim, coinnigh i mála plaisteach í nuair a bheidh tú amuigh.

Ar dtús, féach an bhfuil cruth nó marcanna suntasacha ar an éan. Corp agus gob cosúil leis an nGealbhan atá ar an nGealóg Ghiolcaí seo. Bíonn cloigeann dubh uirthi, coiléar bán agus bíonn cleití bána ar dhá thaobh a heireabaill. Bíonn scornach dhorcha uirthi agus bíonn stríoca dorcha ar a cliatháin.

An Ghealóg Ghiolcaí Fhireann

Cloigeann dubh

Coiléar bán

2 Lúnasa 2001
Aimsir ghrianmhar
Páirc an Chláir
Gealóg Ghiolcaí
F

Dúdhonn
Droim stríocach

Íochtar liathbhán

Freisin
B ag iompar féir
(le haghaidh *?)

Conair na hEitilte

Na sonraí faoin áit, faoin dáta, faoin am, agus faoin aimsir, scríobh síos iad sa leabhar nótaí.

Luathscríbhneoireacht an Fhairtheora Éan

F   =   FIREANN

B   =   BAINEANN

Ó   =   ÓG (Éan óg nach bhfuil cleití éin fhásta fós air)

*   =   NEAD

C10 =   TUAIRIM IS 10 (ag trácht ar líon na n-éan)

Úsáid na giorrúcháin seo in áit na focail a scríobh amach go hiomlán – sábhálfaidh sé am ort. Bíodh cúpla peann nó peann luaidhe leat i gcónaí.

An Chaoi le hÉalú ar Éin

Bíonn go leor deiseanna ag duine faoin tuath chun iliomad cineálacha éan a fheiceáil. Nuair a bheidh tú ag cuardach éan, fan os comhair nó taobh thiar de chrann nó de thor. Bíodh an ghrian ar do chúl i dtreo is go mbeidh tú féin faoi scáth. Mura bhfuil foscadh ann, téigh níos cóngaraí do na héin agus tú ag snámhaíocht ar d'uillinneacha agus ar bharraicíní do chos. Ná caith éadaí a dhéanfadh siosarnach agus tú ag bogadh. Ná corraigh go sciobtha agus tú gan foscadh.

An Cnagaire Glas

An Ceolaire Sailí

An Creabhar

Éadaí

Caith dathanna dorcha. Ná hiompair mórán fearas.

Seaicéad nó cóta teolaí

Hata nó cochall

Buataisí má tá sé fliuch. Bróga spóirt gach uair eile.

Leabhar nótaí agus pinn luaidhe

Ag Ceannach Déshúileach Duit

Roghnaigh an péire is éadroime is féidir leat a fháil. 8 x 30 nó 8 x 40 na méideanna is oiriúnaí.

Iris le haghaidh na ndéshúileach

Crios

Sreangán ceangailte den iris agus den chrios

Déshúiligh

Ní bhíonn gá leis na déshúiligh mura bhfuil spéis agat ach in éin a bhíonn sa ghairdín nó i bpáirceanna. Ach má theastaíonn péire uait, bíodh duine a thuigeann iad in éineacht leat, agus bain triail as roinnt déshúileach go bhfeice tú

cén ceann is fearr a fheileann duit. Dá éadroime iad do chuid déshúileach, mothóidh tú trom iad tar éis tamaill. D'fhonn an meáchan a bhaint de do mhuineál, ceangail sreangán den iris agus den chrios mar atá léirithe anseo.

Sceitseanna sciobtha allamuigh

1 Tarraing dhá chiorcal le haghaidh an chloiginn agus an choirp.

2 Cuir gob, muineál, eireaball agus cosa leis.

3 Tarraing na cleití.

Is é an chaoi is fearr chun nótaí a dhéanamh faoi na héin a fheicfidh tú sceitseanna sciobtha a dhéanamh díobh. Tarraing dhá chiorcal ar dtús – ceann le haghaidh chorp an éin agus ceann le haghaidh an chloiginn.

Sula dtosóidh tú, deimhnigh an mhéid atá sa chloigeann agus sa chorp, agus an áit a bhfuil siad. Ansin cuir an t-eireaball, an gob agus na cosa sa sceitse. Má bhíonn deis agat, tarraing na cleití. Ná tarraing aon rud nach bhfuil le

feiceáil agat. Ar dtús, mar chleachtadh duit féin, tarraing pictiúir de na héin a bhíonn le feiceáil agat trí fhuinneog an tí, nó suigh ar bhinse sa pháirc agus tarraing pictiúir de na héin atá timpeall ort.

Bíodh is gur ag faire ar éin a bheidh tú, cuimhnigh go bhfuil éisteacht agat. Is mór an chabhair freisin é ceiliúr na n-éan agus tú á gcuardach. Is minic gurb é an chéad leid é go bhfuil éan sa láthair. Glaoch cársánach/grágach a bhíonn ag an Scréachóg Choille. Chabhródh fuaimeanna eile leat freisin. Is

minic a chloisfeá an Cnagaire Glas agus é ag polladh crainn sula bhfeicfeá é.

Ní bheidh tú in ann dul rófhada má bhíonn tú faoi ualach mór fearas agus ní bheidh tú in ann gluaiseacht go ciúin éasca. Má fheiceann na héin do chruth idir iad agus an spéir, eitleoidh siad leo.

An Rí Rua

An Cnóshnag

An Scréachóg

An Rí Rua

Rudaí le tabhairt faoi deara

Inseoidh na leathanaigh seo duit na rudaí ba cheart duit a thabhairt faoi deara agus tú ag iarraidh éan a aithint.

Tá roinnt ceisteanna ba cheart duit a chur ort féin nuair a fheiceann tú éan den chéad uair. Cé chomh mór is atá sí? An bhfuil aon mharcanna suntasacha uirthi, e.g. cloigeann dubh na Gealóige Giolcaí agus cleití bána ar an dá thaobh dá heireaball. Cén chaoi a n-eitlíonn sí agus a mbeathaíonn sí í féin? Cé na nósanna atá aici? Cén áit a bhfuil sí? Cén dath atá uirthi?

Murab ionann dathanna na n-éan gach uile thráth den bhliain, is údar mearbhaill é. Tá samplaí de seo ar an leathanach thall.

Seo pictiúr de **Ghealóg Ghiolcaí** fhireann á seilg ag **Spioróg** bhaineann. Breathnaigh ar na lipéid agus feicfidh tú samplaí de na rudaí ba chóir duit a thabhairt faoi deara nuair a fheiceann tú éan.

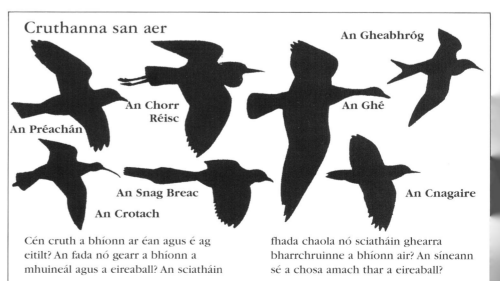

Sciatháin bharrchruinne agus barr na gcleití oscailte mar a bheadh méara orthu.

Gob cromógach

Eireaball fada agus stríoca dorcha air

Cosa buí

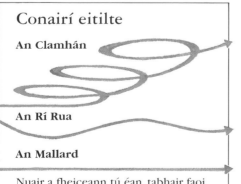

Cloigeann dubh

Coiléar bán

Cleití bána ar an dá thaobh den eireaball

Conairí eitilte

An Clamhán

An Rí Rua

An Mallard

Nuair a fheiceann tú éan, tabhair faoi deara an chaoi a n-eitlíonn sé. An mbíonn sé ag preabadh leis san aer mar an Rí Rua, ar foluain cosúil leis an gClamhán nó ag eitilt go sciobtha díreach mar a dhéanann an Mallard?

Cruthanna san aer

An Gheabhróg

An Chorr Réisc

An Préachán

An Ghé

An Snag Breac

An Crotach

An Cnagaire

Cén cruth a bhíonn ar éan agus é ag eitilt? An fada nó gearr a bhíonn a mhuineál agus a eireaball? An sciatháin fhada chaola nó sciatháin ghearra bharrchruinne a bhíonn air? An síneann sé a chosa amach thar a eireaball?

Difríochtaí de réir gnéis

Fireann

Lonta Dubha

Baineann
(An Chéirseach)

Ní hionann na dathanna a bhíonn ar chleití agus ar ghob an fhireannaigh agus an bhaineannaigh i speicis áirithe mar an Lon Dubh.

Athrú datha

Sa samhradh

Sa gheimhreadh

**An Faoileán Ceanndubh
(An Sléibhín)**

Ní hionann an chluimhreach a bhíonn ar roinnt éan sa samhradh agus sa gheimhreadh, e.g. an Faoileán Ceanndubh (an Sléibhín).

Difríochtaí de réir aoise

Fásta

Óg

An Spideog

I gcás éan áirithe, e.g. an Spideog, ní hionann an dath a bhíonn ar an éan óg is an dath a bhíonn ar an éan fásta.

Goba

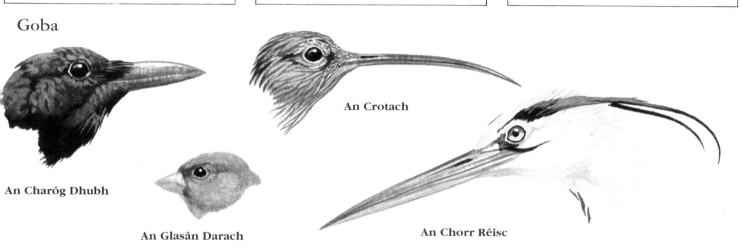

An Crotach

An Charóg Dhubh

An Glasán Darach

An Chorr Réisc

D'fhéadfadh gob éin leid a thabhairt duit faoin gcineál bia a itheann an t-éan. Gléas uilefhóinteach é gob na Caróige Duibhe. Bíonn gob an Ghlasáin Daraigh níos feiliúnaí chun síolta a bhriseadh.

Úsáideann an Crotach a ghob fada chun bia a chuardach sa láib. Is faide fós gob na Coirre Réisc. Úsáideann sí é chun breith ar an iasc, ar na froganna agus ar na feithidí.

Is féidir éan a aithint ar a chuid ceoil. Gabh amach le duine a bhfuil eolas maith aige ar cheol na n-éan, nó faigh taifeadadh de cheol na n-éan sa leabharlann áitiúil.

Nósanna na n-éan

An Ghlasóg Liath

An Snag

An Piardálaí Trá

Siúlann an Ghlasóg Liath go minic i láib nó i bhféar gearr. Croitheann sí a heireaball suas agus anuas. Tugann sí sciuird i ndiaidh feithide ó am go chéile.

Dreapann an Snag suas stoc crainn, agus é ag piocadh feithidí amach as scoilteanna sa choirt lena ghob tanaí cuar.

Siúlann an Piardálaí Trá feadh na trá ag iompú píosaí feamainne agus cloch ar thóir créatúr beag, e.g. sliogéisc, mar bhia dó féin.

Leideanna agus loirg

Tharlódh nach mbeifeá in ann na héin go léir i do cheantar féin a fheiceáil. Ach fiú mura bhfeicfidh tú iad, gheobhaidh tú leideanna go bhfuil siad ann. Is furasta cuid de na leideanna sin – cleití nó iarsmaí béilí – a thabhairt faoi deara.

B'fhéidir nach n-aithneofá cleite ar dtús, ach má choinníonn tú é, b'fhéidir go dtiocfá ar éan marbh nó ar léaráid d'éan i leabhar a bhfuil cleití air cosúil leis an gcleite a fuair tú. Cuimhnigh gur iomaí méid agus dath a bhaineann le cleití fhormhór na n-éan.

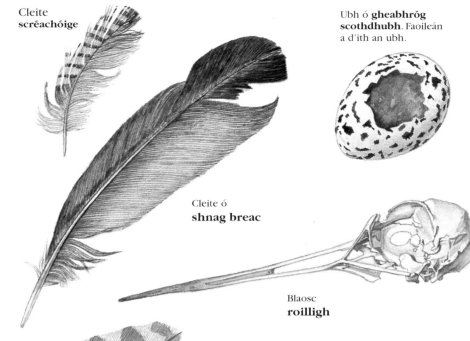

Cleite **scréachóige**

Ubh ó **gheabhróg scothdhubh**. Faoileán a d'ith an ubh.

Cleite ó **shnag breac**

Blaosc **roilligh**

Millín **cáig**

Millín **spioróige**

Buaircín ó phéine a chreim **iora**

Cleite **crotaigh**

Cnó Coill a pholl **meantán mór**

Cnó Coill a pholl **cnagaire**

Cinntigh go mbeidh rud éigin agat chun na rudaí a bhaileoidh tú a choinneáil ann. Cuir lipéad ar gach rud agus scríobh síos go leor sonraí go cúramach orthu – dá mhéad eolais is ea is fearr é. Nigh do lámha go cúramach tar éis iad a leagan ar na rudaí atá tú a bhailiú.

Má thagann tú ar chnónna nó ar bhuaircíní creimthe, cuimhnigh nach iad na héin amháin a bhíonn ag creimeadh. Itheann ioraí agus luchóga freisin iad. Mar sin, ainmhithe a bhíonn ag creimeadh, bí cúramach agus tú ag iarraidh iad a aithint.

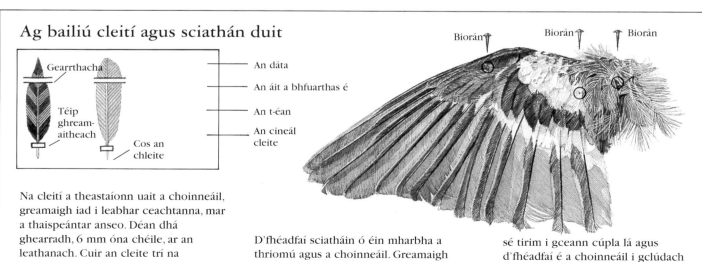

Ag bailiú cleití agus sciathán duit

Gearrthacha

Téip ghream-aitheach

Cos an chleite

An dáta

An áit a bhfuarthas é

An t-éan

An cineál cleite

Biorán

Biorán

Biorán

Na cleití a theastaíonn uait a choinneáil, greamaigh iad i leabhar ceachtanna, mar a thaispeántar anseo. Déan dhá ghearradh, 6 mm óna chéile, ar an leathanach. Cuir an cleite trí na gearrthacha agus greamaigh cos an chleite le téip ghreamaitheach.

D'fhéadfaí sciatháin ó éin mharbha a thriomú agus a choinneáil. Greamaigh an sciathán oscailte ar phíosa de chlár teann le bioráin. Ba cheart go mbeadh

sé tirim i gceann cúpla lá agus d'fhéadfaí é a choinneáil i gclúdach litreach in éineacht le cúpla millín leamhan.

Buaircíní péine

An tIora **An Crosghob** **An Cnagaire**

Seo trí shampla de bhuaircíní péine a chreim na héin nó na hainmhithe. Ní hionann an chaoi a mbriseann siad ar fad na buaircíní agus iad ag cuardach síolta le hithe.

Cnónna

An Cnóshnag (Cnó Coill)

An Glasán Gobmhór (Silín)

An Luch Fhéir (Cnó Coill)

An Meantán Mór (Gallchnó)

Bíonn a bhealach féin ag gach uile chineál ainmhí chun cnónna a bhriseadh. Creimeann luchóga poill bheaga néata iontu; cuireann cuid de na héin poill spiacánacha iontu, agus briseann cuid eile ina dhá leath iad.

Inneoin an Smólaigh Cheoil

Poigheachán

Poigheacháin bhriste

Inneoin

Briseann **an Smólach Ceoil** na poigheacháin ar chloch mar a bheadh inneoin ann. Bí ag faire amach don inneoin – feicfidh tú timpeall uirthi na poigheacháin bhriste a d'fhág an t-éan ina diaidh.

Millíní na n-ulchabhán

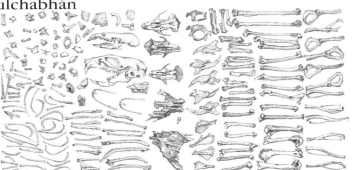

A raibh i millín amháin de chuid ulchabháin.

Slogann an t-ulchabhán ainmhithe agus éin bheaga d'aon ailp amháin agus cuireann sé aníos idir fhionnadh, chleití agus chnámha i riocht millín. Feicfidh tú na millíní faoi chrainn nó faoi chuaillí a

seasann an t-ulchabhán orthu. Bain ceann de na millíní as a chéile agus leag amach na cnámha ann de réir cineáil. Cloigne na n-ainmhithe a d'ith an t-ulchabhán na cnámha is fusa a aithint.

Tuilleadh millíní

An Faoileán Ceanndubh

An Charóg Dhubh

An Chorr Réisc

Cuireann éin eile millíní aníos freisin. Ach bíonn sé níos deacra a mbíonn ina gcuid millíní a aithint, mar ní itheann mórán éan ainmhithe móra.

Múnlaí de loirg na gcrúb

Uisce

Plástar Pháras

Lorg crúibe éin

Fáinne cairtchláir

Líon isteach plástar Pháras atá measctha le huisce.

Cuir péint ar an lorg nuair a bheidh an plástar cruaite.

Chun múnlaí a dhéanamh le plástar Pháras, teastóidh uisce, plástar Pháras, gloine nó cupán plaisteach, agus stiall chairtchláir lúbtha ina fáinne agus coinnithe le chéile le fáiscín páipéir.

Cuir an cairtchlár timpeall ar lorg na crúibe. Measc an plástar sa chupán agus líon isteach san fháinne é. Lig dó cruachan ar feadh 15 nóiméad. Tabhair idir mhúnla agus chairtchlár abhaile leat.

Glan an múnla le huisce. Fág cúpla lá eile é go dtriomóidh sé agus bain an cairtchlár de go cúramach. Cuir péint, agus ina dhiaidh sin vearnais, ar lorg na crúibe.

Cóirigh an gairdín le haghaidh na n-éan

Feicfidh tú sna leathanaigh romhat go leor de na héin a thugann cuairt ar ghairdíní nó ar leaca fuinneog ag cuardach bia. Ní hionann an cineál bia a thaitníonn le gach uile chineál éin. Cuir amach cnámha, geir, cáis, coirce, piseanna talún, cuiríní, píosaí de chraiceann bagúin. Scaip roinnt bia taobh amuigh ar an talamh le haghaidh na n-éan ar fearr leo ithe den talamh. Bealach maith chun éin a mhealladh is ea folcadán éan agus bord éan a dhéanamh i do ghairdín.

Cairt de na cineálacha bia

Déan cairt a léireoidh na cineálacha bia a fheicfidh tú á n-ithe ag éin éagsúla.

Is gearr go mbeidh a fhios agat cé na cineálacha bia is mó a bhfuil éileamh orthu agus cinntigh go mbeidh siad fáil sa ghairdín i gcónaí.

Eochair do na héin sa léaráid
1. An Glasán Darach
2. An Gealbhan Binne
3. An Meantán Gorm
4. An Spideog
5. An Meantán Dubh
6. An Druid
7. An Rí Rua
8. An Lon Dubh is an Chéirseach
9. An Liatráisc
10. An Lasair Choille
11. An Smólach Ceoil
12. An Donnóg
13. An Corcrán Coille

Bia do na héin

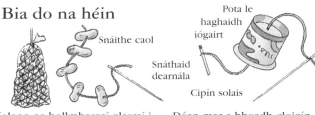
Snáithe caol
Snáthaid dearnála

Pota le haghaidh iógairt
Cipín solais

Leáigh an gheir in oigheann atá te.

Díolann na hollmhargaí glasraí i málaí a bhíonn ar nós eangach. Líon ceann de na málaí le piseanna talún gan salann, nó cuir sreang thanaí nó snáithe trí phiseanna talún atá ina mblaosc agus croch sa ghairdín iad.

Déan mar a bheadh cloigín de phota iógairt leis na héin a bheathú. Líon an pota le brus aráin, le cuiríní, le prátaí bruite agus le min choirce. Iarr ar dhuine fásta cabhrú leat geir a leá.

Lig don gheir fuarú agus ansin líon amach ar an meascán í. Nuair a bheidh an gheir crua, tarraing píosa snáithe tríd an bpota mar atá sa phictiúr. Croch an pota bunoscionn as an snáithe.

Déan bord éan

An gliú
30 cm
Bearnaí
5 mm
40 cm

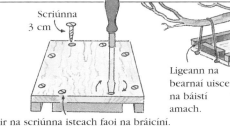
Scriúnna 3 cm
Cuir na scriúnna isteach faoi na bráicíní.

Ligeann na bearnaí uisce na báistí amach.

Teastóidh píosa sraithadhmaid mhaith tuairim is 40 cm faoi 30 cm agus ceithre bhráicín 30 cm ar fad. Gliúáil na bráicíní den sraithadhmad mar atá léirithe thuas.

Nuair a bheidh an gliú triomaithe, iompaigh an bord bunoscionn agus cuir dhá scriú i ngach aon taobh mar atá léirithe thuas. Cosain an t-adhmad le leasaitheach adhmaid. Greamaigh an bord de bhosca adhmaid le scriúnna.

Chun bord crochta a dhéanamh, cuir ceithre chróscriú i dtaobhanna an bhoird agus croch de chraobh crainn le sreangán é mar atá léirithe thuas. Glan an bord go rialta le díghalrán.

Folcadán éan

15 cm
1 m

Bítear cinnte nach bhfuil poill sa pholaitéin.

Roghnaigh áit nach bhfuil ró-ghar don áit a mbeathaíonn tú na héin. Tochail poll sa talamh. Tosaigh sa lár agus oibrigh leat amach go dtí go mbeidh sé tuairim is 1 m trasna agus 15 cm ar doimhneacht. Bíodh na taobhanna claonta amach ann.

Líneáil an poll le polaitéin láidir (déanfaidh an líneáil a bhíonn ar bhosca bruscair cúis). Leag clocha timpeall chiumhais na polaitéine. Scaip gairbhéal nó gaineamh ar an líneáil.

Leag cúpla cloch i lár an phoill agus feistigh craobhóg ann mar fhara. Líon an poll le huisce. Coinnigh lán é. Bítear cinnte nach mbeidh leac oighir air sa gheimhreadh.

8 Baineann

10

7

7 Fireann

Plandaí a thaitníonn le héin

An tEidhneán

Lus an Sparáin

An Feochadán

Féara Fiáine

An Caorthann

An Trom

An Grúnlas

An Cotóinéastar

An Sceach Gheal

Bia maith do na héin na plandaí thuas go léir. Má tá gairdín agat, lig do cheapóg bheag dul i bhfiáin. Bíonn síolta ar fhiailí áirithe, e.g. an Grúnlas, a thaitníonn go mór le héin. Bíonn go leor caora maithe ar chrainn agus ar thoir san fhómhar, e.g an caorthann. Is maith le héin áirithe sabhdánaigh agus úlla ró-aibí. Cart píosa den talamh chun cabhrú le cuid de na héin péisteanna agus feithidí a fháil.

9
9
9

2 Fireann
1
4
3
3
2 Baineann
3
1
2 Fireann
3
3
5
1
12
6
7 Baineann
4
8 Fireann
7 Fireann
13 Fireann
2 Baineann
13 Baineann
11
12
6

11

Déan bosca neadaireachta

Déan bosca neadaireachta le héin a mhealladh go dtí do ghairdín san earrach. Má bhíonn poll beag air, seans go neadóidh Meantán Gorm ann. Má bhíonn an poll níos mó b'fhéidir go neadódh Gealbhan Binne ann.

Úsáideann éin eile, e.g. an Meantán Mór, an Druid, an Gealbhan Crainn agus an Dreoilín, boscaí neadaireachta ó am go chéile. Ná téigh róchóngarach don bhosca nuair atá nead ann, mar ruaigfidh tú na héin. Is féidir leat faire orthu ón teach.

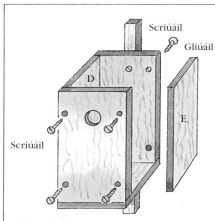

An taobh bainte den bhosca chun a struchtúr a thaispeáint.

Chun bosca a dhéanamh teastóidh clár sraithadhmaid uait a bheidh 12 mm ar tiús, 900 mm ar fad agus 254 mm ar leithead.

Treoir ghearrtha

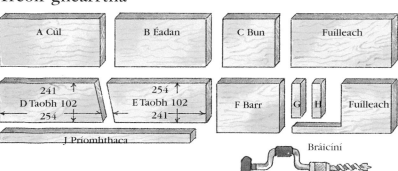

A Cúl	B Éadan	C Bun	Fuílleach

241 ↑
D Taobh 102
254 ↓

254 ↑
E Taobh 102
241 ↓

F Barr   G   H   Fuílleach

J Príomhthaca

Bráicíní

Ar dtús, gearr amach na píosaí seo a leanas:

A   254 mm x 127 mm
B   241 mm x 127 mm
C   127 mm x 127 mm

D   Féach an léaráid
E   Féach an léaráid
F   152 mm x 127 mm
G   102 mm x 25 mm
H   102 mm x 25 mm
J   510 mm x 25 mm

Druileáil poll an 'dorais' tuairim is 50 mm ó bharr an Éadain (B). Bíodh trastomhas 25 mm sa pholl.

50 mm
25 mm

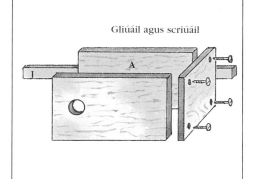

Ar dtús, cuir na píosaí ina n-áit cheart lena chinntiú go luífidh siad le chéile i gceart. Ansin druileáil poill le haghaidh na scriúna go léir.

Gliúáil agus scriúáil

Feistigh an príomhthaca ar chúl an bhosca le dhá scriú. Greamaigh an bun den chúl le gliú agus le scriúna. Ansin greamaigh an bun den éadan.

Scriúáil
Gliúáil
Scriúáil

Cuir gliú ar na taobhanna agus cuir ina n-áit iad. Má luíonn siad i gceart, cuir scriúna iontu. Mura luífidh siad i gceart seiceáil na toisí go cúramach.

An áit is fearr don bhosca

Ba cheart an bosca a ghreamú de bhun crainn nó de bhalla, atá clúdaithe le dreapaire mar eidhneán, nuair a bheidh an bosca déanta. Mura bhfuil dreapaire le fáil, déanfaidh balla nó bun crainn atá lom cúis. Níor cheart go mbeadh aghaidh an bhosca ó dheas nó siar mar d'fhéadfadh teas na gréine na héin óga a mharú. Ionas nach mbeidh breith ag cat air, feistigh an bosca 2 m ar a laghad os cionn leibhéal na talún. Bain anuas é gach geimhreadh agus caith amach an sean-nead. Cuir díghalrán air agus cuir cóta nua de leasaitheach adhmaid air.

2 m

Ní mór aghaidh an bhosca a bheith soir nó ó thuaidh.

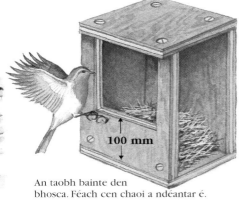

100 mm

An taobh bainte den bhosca. Féach cen chaoi a ndéantar é.

Cineálacha eile boscaí

Tá boscaí neadaireachta speisialta le ceannach le haghaidh na nGabhlán Binne. Is féidir iad a fheistiú faoi sceimheal an tí.

Feileann bosca a bhfuil éadan oscailte air d'éin eile. Déan cosúil leis an gcéad bhosca é, ach cuir oscailt air cosúil leis an gceann sa léaráid thuas.

Coinnigh Taifid

Déan nótaí de gach a tharlóidh i do bhosca neadaireachta. Má neadaíonn éan sa bhosca, beidh go leor sonraí le taifeadadh agat i gcaitheamh an earraigh agus an tsamhraidh.

Tharlódh go bhfeicfeá éin ag tabhairt cuairte ar an mbosca sa gheimhreadh. Is amhlaidh a chodlaíonn siad i mboscaí. Taispeánfaidh na nótaí thíos duit na cineálacha rudaí ba chóir duit a thaifeadadh.

1 Dáta na chéad chuairte.
2 Líon na n-éan a thug cuairt.
3 An dáta a ndeachaigh éan isteach sa bhosca den chéad uair.
4 An dáta ar thug éan ábhar neide ann den chéad uair.
5 An cineál ábhair neide.
6 An dáta ar thug na héin bia isteach sa nead den chéad uair.
7 An cineál bia.
8 An dáta ar fhág na héin óga an nead.

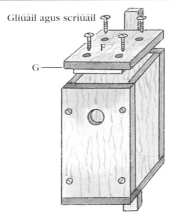

Gliúáil agus scriúáil

F

G

Scriúáil an dá bhráicín ghearra ar íochtar chlaibín an bhosca. Cinntigh go dtoillfidh an claibín go daingean ar an mbosca.

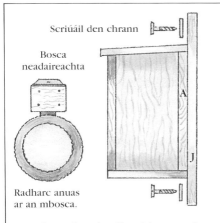

Scriúáil den chrann

Bosca neadaireachta

A

J

Radharc anuas ar an mbosca.

Cuir leasaitheach adhmaid ar an mbosca agus lig dó triomú. Greamaigh de chrann ansin é le scriúnna nó le tairní mar atá thuas.

AN LON DUBH
An chéad chuairt 22 Feabh.
2 éan

Chuaigh isteach sa bhosca den chéad uair 23 Feabh.

Ábhar neide
1 Márta

Séasúr neadaithe na n-éan

Tráth mórghníomhaíochta i saol gach éin é an séasúr neadaithe. Ar dtús caithfidh gach éan a leathéan féin a fháil, agus caithfidh siad áit neide a chuardach a bhfuil bia le fáil ann. Is leo feasta an talamh thart ar a nead. Béarfaidh an t-éan baineann a cuid uibheacha ansin agus beathóidh siad araon na héin óga.

Agus an méid sin ar fad ar siúl, níl sé ródheacair a fháil amach cá bhfuil cuid de na héin ag déanamh a neide nó ag beathú éin óga. Éan ag iompar rud éigin mar phéist nó seamaide féir an comhartha is coitianta. Gheobhaidh tú leideanna eile ar na leathanaigh seo a chabhróidh leat.

Smólaigh Cheoil óga ag éileamh bia ar an tuismitheoir. Cuireann an t-éan fásta an bia ina mbéal agus eitlíonn leis arís ag cuardach tuilleadh bia dóibh.

Cairt bhia

Déan cairt bhia chun taifead a dhéanamh ar na cineálacha éan a fheicfidh tú ag iompar bia chuig éin óga agus ar an gcineál bia a bheidh acu.

CAIRT BHIA

	PÉISTEANNA	SEILIDÍ	FEITHIDÍ
AN LON DUBH			
AN SPIDEOG			
AN SMÓLACH CEOIL			

Cuimhnigh go bhfuil sé in aghaidh an dlí cur isteach ar éin ghoir, a gcuid neadacha nó a gcuid uibheacha. Fan siar uathu i gcónaí agus tú ag faire orthu.

14

Éin ghoir a thabhairt faoi deara

An Rúcach

Feicfidh tú éin san earrach agus iad ag iompar ábhair dá nead ina ngob. Briseann na Rúcaigh craobhóga móra de chrainn le neadacha a dhéanamh.

An Filiméala

Bí ag faire amach d'éan ag canadh san áit chéanna gach lá san earrach agus sa samhradh e.g. an Filiméala. Seans go bhfuil sí ar gor.

Cac éin

An Caislín Cloch

Seans go bhfeicfidh tú éan ag iompar cac éin ón nead ina ghob. Déanann siad é sin leis an nead a choinneáil glan do na héin óga.

Ábhair neide

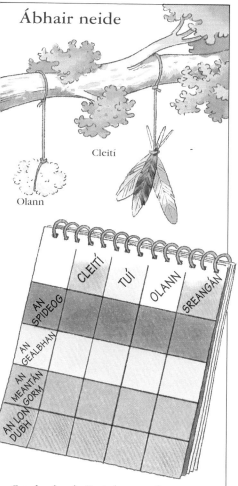

Cleití

Olann

	CLEITÍ	TUÍ	OLANN	SREANGÁN
AN SPIDEOG				
AN GEALBHAN				
AN MEANTÁN GORM				
AN LON DUBH				

Croch píosaí olla, tuí, sreangáin agus cleití ar chrann. Ní hionann na hábhair a bhailíonn éin dá neadacha. Déan nóta díobh sin.

Áiteanna a neadaíonn éin

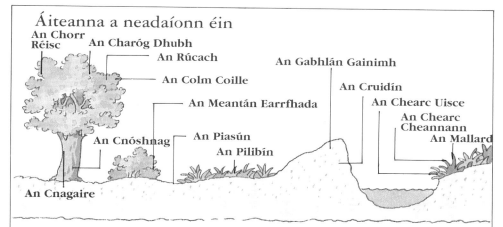

An Chorr Réisc
An Charóg Dhubh
An Rúcach
An Colm Coille
An Gabhlán Gainimh
An Cruidín
An Meantán Earrfhada
An Chearc Uisce
An Chearc Cheannann
An Mallard
An Cnóshnag
An Piasún
An Pilibín
An Cnagaire

Is ar éigean is féidir a rá go ndéanann cuid de na héin neadacha ar chor ar bith. Beireann an Pilibín a cuid uibheacha i logán éadomhain sa talamh, mar shampla.

Ní hionann na háiteanna a neadaíonn éin faoin tuath. Neadaíonn siad ar chrainn agus ar fhálta, ar fhoscadh bruacha crochta, agus i bpoill i gcrainn.

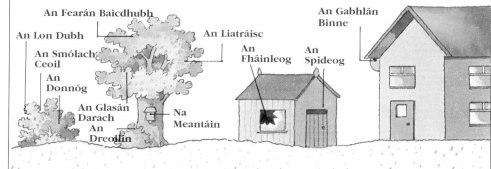

An Fearán Baicdhubh
An Lon Dubh
An Liatráisc
An Gabhlán Binne
An Smólach Ceoil
An Donnóg
An Fháinleog
An Spideog
An Glasán Darach
An Dreoilín
Na Meantáin

Neadaíonn go leor éan i ngairdíní in áiteanna foscúla nach mbíonn teacht ag cait ná ag madraí orthu. I dtoir dhlútha, ar chrainn, i mballaí agus i seideanna a bhíonn clúdaithe le heidhneán, agus i mboscaí neadaireachta a dhéanann siad a nead. Tógann éin eile a nead faoi sceimheal tí, e.g. an Gabhlán Binne agus tig leis an Scréachóg Reilige a nead a dhéanamh ar dhreapa i seanscioból.

Linnte agus uiscebhealaí intíre

Lachain is mó a fheictear ar linnte. Muineál fada, lapaí (crúba scamallacha) agus gob spadalach a bhíonn ar an lacha. Is snámhóir maith í agus beathaíonn sí í féin ar phlandaí sa linn.

Aicmítear na lachain ina dtrí chineál. Tá lachain ann a dhéanann tumadh, e.g. an Lacha Bhadánach agus slaipistéirí mar an Mallard. Is iad na síoltaí, lachain a itheann iasc, is annaimhe a bhíonn le feiceáil.

San earrach nó sa samhradh, feicfidh tú éiníní lachan ina scuaine taobh thiar dá dtuismitheoirí san uisce nó fiú ag fáil marcaíochta uathu.

Snámh

An Spadalach   **An Chearc Cheannann**   **An Chearc Uisce**

Is iad na lapaí is fearr chun snámha. Osclaíonn an scamall agus brúnn siar go láidir in aghaidh an uisce. Ar a bhealach aniar ansin, dúnann an scamall agus ní tharraingíonn sé in aghaidh an uisce. Caitheann an Chearc Cheannann agus an Chearc Uisce níos mó ama ar an mbruach. Crúba leathscamallacha a bhíonn ar an gCearc Cheannann. Ar éigean a bhíonn aon scamall ar chrúba na Circe Uisce. Bíonn a cloigeann ag preabadh siar is aniar agus í ag snámh.

Tugann an mháthair na héiníní óga go dtí an t-uisce. Titeann siad isteach agus bíonn siad in ann snámh ar an bpointe.

Iasciteoir é **an Foitheach Mór**. Tugann an t-éan fireann agus an t-éan baineann araon aire do na héin óga, agus iompraíonn siad ar a ndroim iad.

Bíonn ball lonrach gorm ar a dtugtar spéacalam ar sciatháin na lachan agus an bhardail.

An Mallard Baineann

An Mallard Fireann

Is maith mar a scagann gob fada spadalach na lachan an bia.

An chaoi a mbeathaíonn éin uisce iad féin

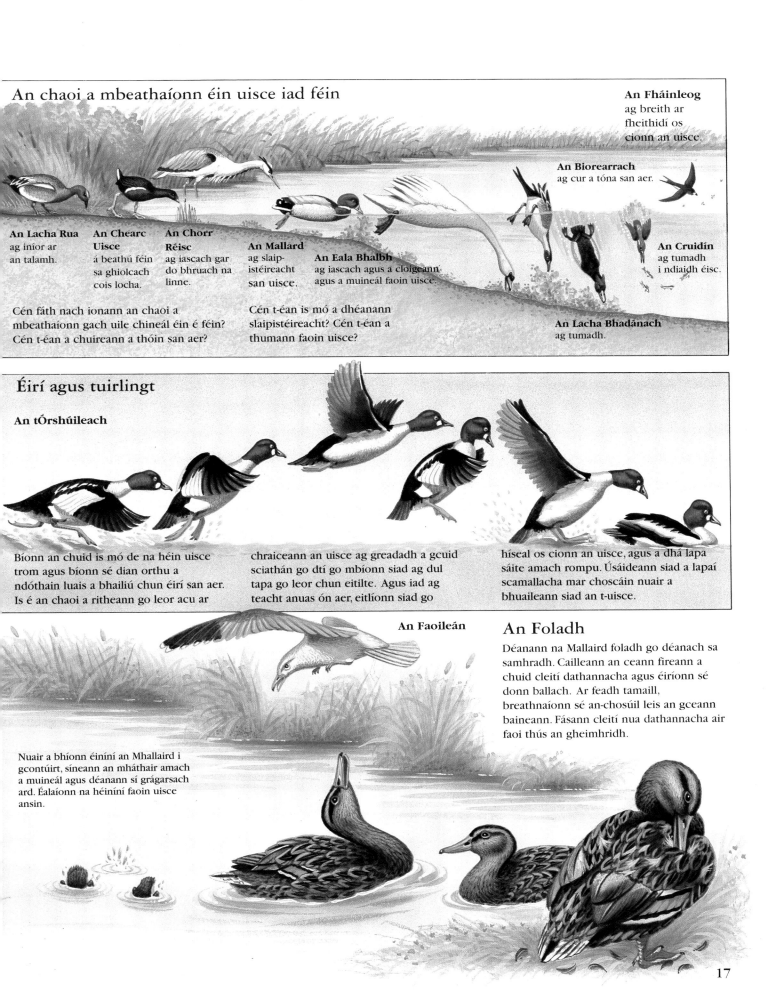

An Fháinleog
ag breith ar fheithidí os cionn an uisce.

An Biorearrach
ag cur a tóna san aer.

An Lacha Rua
ag iníor ar an talamh.

An Chearc Uisce
á beathú féin sa ghiolcach cois locha.

An Chorr Réisc
ag iascach gar do bhruach na linne.

An Mallard
ag slaip-istéireacht san uisce.

An Eala Bhalbh
ag iascach agus a cloigeann agus a muineál faoin uisce.

An Cruidín
ag tumadh i ndiaidh éisc.

An Lacha Bhadánach
ag tumadh.

Cén fáth nach ionann an chaoi a mbeathaíonn gach uile chineál éin é féin? Cén t-éan a chuireann a thóin san aer?

Cén t-éan is mó a dhéanann slaipistéireacht? Cén t-éan a thumann faoin uisce?

Éirí agus tuirlingt

An tÓrshúileach

Bíonn an chuid is mó de na héin uisce trom agus bíonn sé dian orthu a ndóthain luais a bhailiú chun éirí san aer. Is é an chaoi a ritheann go leor acu ar chraiceann an uisce ag greadadh a gcuid sciathán go dtí go mbíonn siad ag dul tapa go leor chun eitilte. Agus iad ag teacht anuas ón aer, eitlíonn siad go híseal os cionn an uisce, agus a dhá lapa sáite amach rompu. Úsáideann siad a lapaí scamallacha mar choscáin nuair a bhuaileann siad an t-uisce.

An Faoileán

Nuair a bhíonn éiníní an Mhallaird i gcontúirt, síneann an mháthair amach a muineál agus déanann sí grágarsach ard. Éalaíonn na héiníní faoin uisce ansin.

An Foladh

Déanann na Mallaird foladh go déanach sa samhradh. Cailleann an ceann fireann a chuid cleití dathannacha agus éiríonn sé donn ballach. Ar feadh tamaill, breathnaíonn sé an-chosúil leis an gceann baineann. Fásann cleití nua dathannacha air faoi thús an gheimhridh.

17

Coillearnacha agus foraoisí

Áiteanna maithe chun éin a fheiceáil is ea coillte agus foraoisí. Ach is éasca iad a fheiceáil in áiteanna nach mbíonn ródhorcha. Coillte a mbíonn spásanna oscailte iontu, bíonn siad níos gile agus bíonn níos mó plandaí agus feithidí iontu le hithe ag na héin.

Bíonn i bhfad níos mó éan i gcoillte na gcrann leathanduilleach, mar an dair nó an fheá, ná i seanchoillte buaircíneacha a bhíonn an-dorcha amanna. Ach tharlódh go mbeadh éin speisialta sna seanchoillte buaircíneacha, e.g. an capall coille, nach bhfuil teacht orthu in aon áit eile.

Tugann **an Filiméala** (16.5 cm) cuairt ar an tír seo ó am go chéile. Cloistear é ag canadh sna coillte agus sna foraoisí, ach is annamh a fheictear é. Ar chrainn agus i dtoim gar don talamh a dhéanann sé a nead.

Toisí ó ghob go heireaball a thugtar sa leabhar seo.

Má bhíonn sé gaofar, bí ar d'airdeall ar chraobhacha ag titim. Déan iarracht gan suí ná seasamh faoi chrann a bhfuil neadacha iontu. B'fhéidir go ruaigfeá na seanéin.

Is é **an Cíorbhuí** (9 cm) an t-éan Eorpach is lú. Bíonn sé le feiceáil go minic i gcoillte buaircíneacha nó i gcoillte measctha ar feadh na bliana.

Tá **an Meantán Dubh** (11.5 cm) ar aon mhéid leis an Meantán Gorm. I bhforaoisí buaircíneacha a bhíonn a nead aige.

Éan coitianta é **an Rí Rua** (15 cm). Bíonn sé le feiceáil go minic i gcoillearnacha na gcrann leathanduilleach agus i gcoillte buaircíneacha. Is fearr leis an talamh oscailte sa gheimhreadh.

Tá **an Tiuf-teaf** (11 cm) níos lú ná an gealbhan. Tagann sé ón Afraic chun na hEorpa sa samhradh. Bíonn sé le feiceáil go minic i gcoillte na gcrann leathanduilleach agus na bpéiní óga.

Bia éin na gcoillearnach

Ar ainmhithe beaga a bheathaíonn **an tUlchabhán Donn** é féin. Is iontach an éisteacht agus an radharc a bhíonn aige.

Bailíonn **an Scréachóg** dearcáin san fhómhar. Cuireann sí i dtaisce go leor acu i bpoill sa talamh go dtí go mbíonn bia gann.

Tugann **an Cuilire Alabhreac** sciuird anuas ó chraobhóg ar fheithidí.

Cothaíonn go leor éan iad féin ar bhoilb, e.g. **an Ceolaire Garraí** seo.

Goba speisialta

Bíonn goba speisialta ar éin áirithe, e.g. **an Glasán Gobmhór** agus **an Crosghob**, chun síolta a bhriseadh.

An Scréachóg   An Glasán Gobmhór   An Crosghob

Is é **an Cnagaire Dubh** (46 cm) an cnagaire is mó san Eoraip. Bíonn sé le feiceáil i bhforaoisí buaircíneacha i go leor áiteanna san Eoraip, ach ní thagann sé go hÉirinn.

Poill i gcrainn

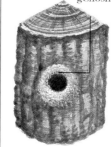

Poll plástráilte le puiteach ag an gCnóshnag.

Poll a úsáideann an Cnóshnag.

Poll a úsáideann an Cnagaire.

Poill a dhéanann na Cnagairí

| 4 cm Mion-chnagaire breac | 4.5 cm Mór-chnagaire breac | 6.5 cm Cnagaire glas | 10 cm Cnagaire dubh |

Déanann gach uile chineál cnagaire poll le haghaidh neide i gcrann.

Amanna úsáideann éin eile na poill sin, e.g. an Cnóshnag, nó fiú ialtóga agus lucha codlamáin.

Cothaíonn **an Cnóshnag** (14 cm) é féin ar chnónna coill agus ar chnónna feá agus ar dhearcáin.

...nn **an Cnagaire Glas** (32 cm) ar aon ...héid leis an gcolm. Feictear go minic ar an ...amh é agus é á chothú féin ar sheangáin. ...illearnacha na gcrann leathanduilleach a ...aithíonn sé de ghnáth.

I gcoillearnacha na gcrann leathanduilleach a bhíonn **an Creabhar** (34 cm) le feiceáil. Ní aithneofá dathanna a chluimhrí ó dhathanna na nduilleog feoite ar an talamh. Gob fada tanaí a bhíonn air.

Is é **an Mionchnagaire Breac** (14.5 cm) an cnagaire is lú san Eoraip. Coillte na gcrann leathanduilleach a thaithíonn sé. Baithis chraorag a bhíonn ar an gceann fireann.

Coillearnacha san oíche

Maireann go leor cineálacha ulchabhán sna coillte. Ní hionann an mhéid a bhíonn iontu ar fad. Ní bhíonn an Mionulchabhán ach 16.5 cm ar fad, ach

De réir an scála chéanna a rinneadh na pictiúir de na trí ulchabhán seo.

d'fhéadfadh an Rí-ulchabhán a bheith 71 cm ar fad.

De réir an scála chéanna a rinneadh na pictiúir de na cheithre ulchabhán seo.

Is annamh a fheictear an Tuirne Lín mar is i gcaitheamh an lae a chodlaíonn sé. Cloistear é ag canadh sa dorchadas sa samhradh.

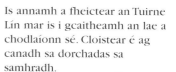

An tUlchabhán Beag

An Tuirne Lín

An Mion-ulchabhán

An tUlchabhán Scopach

An tUlchabhán Beag

An Ceann Cait

An tUlchabhán Donn

An Rí-Ulchabhán

Bailte móra agus cathracha

D'fhéadfaí an sásamh céanna a bhaint as an bhfairtheoireacht éan i mbailte móra is a bhainfí aisti faoin tuath. Seans nach bhfeicfeá ach coilm, druideanna agus gealbhain bhinne i gceantair faoi fhoirgnimh. In áiteanna a bhfuil gairdíní agus páirceanna, feicfidh tú go leor cineálacha eile éan.

Tá taithí ag cuid de na héin ar dhaoine agus ní bhíonn faitíos orthu rompu. B'fhéidir go n-éireodh leat dul an-ghar dóibh agus iad a mhealladh chun bia a ithe de do lámh. Sna pictiúir seo feicfidh tú pictiúir de chuid de na héin is coitianta sna bailte móra agus sna cathracha.

Éan baile mhóir agus tuaithe é **an Pocaire Gaoithe**. An pocaire gaoithe a bhíonn sa bhaile mór, ar ghealbhain a chothaíonn sé é féin, agus ar bharr foirgneamh a neadaíonn sé.

Éin aille a mhaireann i mbailte móra

An tEarrdheargán Dubh

Ar aillte mara nó ar charraigeacha a neadaíodh an tEarrdheargán Dubh tráth. Ach gach seans gur i mbailte móra a fheicfidh tú anois é. Ar fhoirgnimh a dhéanann sé a nead.

Éan fálta é **an Meantán Earrfhada** a bhíonn le feiceáil i bpáirceanna agus i ngairdíní. San fhómhar agus sa gheimhreadh, bailíonn seanéin agus éin óga le chéile ina ngrúpaí de dhosaen nó mar sin.

Tá an **an Faoileán Ceanndubh** (an Sléibhín) ar na héin is coitianta i mbailte móra. Is minic a fheicfidh tú scaotha díobh in aice le taiscumair agus le claiseanna gairbhéil agus i limistéir mhóra féir.

Ní fheicfidh tú **an Gabhlán Gaoithe** ar an talamh nó ar shreangán. Cothaíonn sé é féin — agus go deimhin codlaíonn sé — agus é ag eitilt. Bíonn siad ag faoileáil timpeall go hard os cionn na ndíonta le titim na hoíche.

Ó am go chéile, cloisfidh tú ceiliúr **na Fuiseoige** agus í ag eitilt os cionn páirceanna agus fiathalaimh. Sa gheimhreadh, feicfidh tú ealtaí fuiseog timpeall ar chlaiseanna gairbhéil agus ar thaiscumair.

1
Tá bailte móra agus cathracha i bhfad níos fearr mar áiteanna d'éin ná mar a bheadh coinne agat. Bíonn gá ag éin le bia agus le háit scíthe agus chodlata. Bíonn roinnt crann agus tor i bhformhór na ngairdíní (3)

2
agus na bpáirceanna (2) ar féidir le héin neadú agus codladh iontu gan daoine a bheith ag cur isteach orthu. Aimsíonn go leor éan fara dóibh féin ar fhoirgnimh (5). Eitlíonn faoileáin amach go dtí áiteanna

3
codlata i gclaiseanna gairbhéil (1) nó i dtaiscumair (4). Fágann daoine bia, ar féidir le héin é a ithe, gach áit. Ar bhruacha na mbailte móra aimsíonn éin go leor bia in oibreacha séarachais (4) agus i gcairn

An Colm Aille　　**Coilm**

Tá gaol ag an gColm Sráide leis an gColm Aille a neadaíonn ar aillte mara. Is coitianta go mór an Colm Sráide anois ná an Colm Aille agus ní bhíonn mórán eagla air roimh dhaoine.

Cothaíonn sé é féin ar arán agus ar bhruscar eile a fhaigheann sé sna páirceanna nó ar na sráideanna. Is minic é ina chrá i lár cathracha.

Éin ghlóracha chathrach

An Druid

Tá an druid ar an éan is coitianta i gcathracha. Ina healtaí móra glóracha a fheictear í go hiondúil.

Faoi sceimheal tí sa bhaile mór a thógann **an Gabhlán Binne** a nead láibe.

Is minic **an Charóg Dhubh** le feiceáil i bpáirceanna agus i ngairdíní.

Éan mór dubh is bán is ea **an Snag Breac**. Is minic iad le feiceáil i bpáirceanna agus i ngairdíní. Déanann siad nead craobhóg i gcrainn agus i bhfálta arda.

Ar **an nGabhlán Binne** amháin a bhíonn an paiste bán.

Breathnaíonn **an Fháinleog** an-chosúil leis an nGabhlán Binne, ach go mbíonn cleití níos faide ina heireaball. Feicfidh tú go minic iad ag marú cuileog os cionn aibhneacha, claiseanna gairbhéil, agus taiscumar.

4

dramhaíola (1). Áiteanna maithe cothaithe d'éin is ea taobhlaigh bhóthar iarainn agus chanálacha (6), áiteanna a ndíluchtaítear soláthairtí bia agus a ndoirtear cuid díobh. Ní bhíonn an oiread céanna daoine iontu

5

chun na héin a scanrú. Itheann go leor éan síolta na bhfiailí a bhíonn ag fás i bhfiathailte agus ar shuímh thógála. Sa gheimhreadh, nuair nach mbíonn ach fíorbheagán bia faoin tuath, téann go leor

6

éan go dtí na bailte móra agus na cathracha. Cuireann go leor daoine bia amach go speisialta le haghaidh na n-éan ansin.

Cósta na mara

Áit mhaith i gcónaí chun éin a fheiceáil is ea an cósta. Sa samhradh, eitlíonn go leor éan ón Afraic agus ón Antartach chun pórú ar chóstaí na hEorpa. Sa gheimhreadh, tagann lapairí beaga mar an Cnota chun iad féin a chothú agus fanacht go dtaga an t-earrach.

Amuigh ar an bhfarraige a chaitheann bunáite na n-éan aille an geimhreadh. Gach bliain cailleann go leor de na héin sin a gcuid uibheacha nó na cinn óga mar go seasann daoine ar a neadacha nó go scanraíonn siad na seanéin as a nead sa chaoi nach mbíonn siad in ann na cinn óga a chothú.

Áiteanna neadaithe

Bíonn na haillte beagnach tréigthe sa gheimhreadh, ach in aimsir na cúplála bíonn siad brata le héin. Bíonn neadacha gach uile áit ar an aill. Bíonn a n-áit féin le neadú ag gach cineál éin.

Goba na lapairí

Is féidir le héin a lán bia a aimsiú ar an trá. An cruth a bheadh ar ghob éin, braitheann sé ar an gcineál bia a itheann sé. D'fhéadfá an gaineamh a thochailt agus a scrúdú féachaint cén sórt bia a fhaigheann na héin ann.

Criathraíonn **an tAbhóiséad** an t-uisce ar thóir a chuid bia.

Tóraíonn **an Crotach** go domhain.

Piocann **an Bhreacóg** bia den dromchla agus faoin dromchla.

Cothaíonn **an Roilleach** é féin ar an sliogiasc.

Cuairteoir é **an Cadhan** a thagann chugainn as an nGraonlainn agus as tuaisceart na Rúise, áit a bpóraíonn sé. Cothaíonn sé é féin ar mhiléarach (meilsceánach) a fhásann i réileáin láibe.

An Cnota
(Clúmh an tsamhraidh)

An Cadhan

Sa gheimhreadh gach bliain, fágann ealtaí móra **Cnotaí** na háiteanna a bpóraíonn siad sa tuaisceart, agus eitlíonn siad ó dheas. Faigheann siad cothú ar thránna gainimh nó láibe. Clúmh liath a bhíonn orthu sa gheimhreadh.

An tSeil-lacha

Riasc goirt

Is í **an tSeil-lacha** an t-éan mór is coitianta a bhíonn le feiceáil ar riasc goirt. Amanna, déanann sí a nead i bpoll a rinne coinín.

Ar riasca goirte nó ar thránna gainimh nó ar dhuirling a phóraíonn **an Gheabhróg**. I log sa talamh a dhéanann sí a nead.

An Gheabhróg

Trá ghainimh

Duirling

Goba na n-éan a itheann iasc

Ní hé an cineál céanna goib a bhíonn ar gach éan a itheann iasc. An cruth a bhíonn ar an ngob, braitheann sé ar mhéid agus ar chineál an éisc a n-itheann an t-éan é.

An Gheabhróg

An Crosán

An Gainéad

Ar bharr aille a dhéanann **an Gainéad** a nead. Déanann scataí móra gainéad a neadacha le chéile. Tuairim is méadar ó chéile a bhíonn na neadacha míshlachtmhara sin.

Cuireann **an Puifín** poll lena ghob in ithir bharr aille chun nead a dhéanamh. Scaipeann sé an ithir lena chrúba.

An Puifín

Éan mór é **an Fulmaire**. Amuigh ar an bhfarraige a chaitheann sé bunáite a chuid ama. Tá sé cosúil leis an bhfaoileán ach go gcoinníonn sé a sciatháin níos dírí agus níos righne agus é ag eitilt.

Beireann **an Crosán** aon ubh amháin i scoilt san aill nó faoi charraig. Amanna ní bhíonn ach cúpla píosa feamainne ina nead, ach is minic nach mbíonn aon nead cheart ann ar chor ar bith.

An Gainéad

An Crosán

An Fulmaire

Ní dhéanann **an Fhoracha** nead ar bith. Beireann sí ubh amháin ar chruth piorra ar dhreapa carraige. De bharr an chrutha a bhíonn ar an ubh ní thiteann sí den dreapa. Bíonn ealtaí móra acu le chéile.

An Fhoracha

An Séaga

Tá **an Seaga** níos lú ná an Broigheall agus ní bhíonn leicne bána cosúil leis an mbroigheall air. Fásann cíor bheag chatach air i séasúr na cúplála.

An Broigheall

Ní bhíonn cleití **an Bhroighill** uiscedhíonach. Mar sin feicfidh tú ina sheasamh ar charraig nó ar chuaille é agus a sciatháin sínte amach aige chun iad a thriomú.

Aillte

Sléibhte agus caoráin

Tá eolas leathan ar go leor de na héin a mhaireann ar chaoráin agus ar shléibhte, e.g. an chearc fhraoigh, mar is géim iad. Tá éin mhóra láidre seilge ann freisin, e.g. an tIolar Fíréan nó an Clamhán. Ní fheicfidh tú an oiread céanna éan sna háiteanna sin is a d'fhéicfeá ar an gcósta nó i gcoillte mar nach mbíonn an méid céanna bia iontu dóibh. Fraocháin, buinneáin óga an fhraoigh agus síolta an chaonaigh is an fhéir a itheann na héin bheaga. Ar na héin bheaga agus ar ainmhithe eile a chothaíonn na héin mhóra seilge iad féin.

> Téann daoine ar strae ar na caoráin agus ar na sléibhte. Ná téigh amach i d'aonar agus inis do dhuine éigin cá bhfuil tú ag dul. Fan ar an gcosán. Caith neart éadaí.

Ní de réir an scála chéanna a rinneadh na pictiúir de na héin agus de na hainmhithe ar na leathanaigh seo.

Is é **an tIolar Fíréan** an t-éan is toirtiúla a bhíonn le feiceáil ar chaoráin agus ar shléibhte. Tá sé an-ghann sa chuid is mó den Eoraip.

Ar an talamh a neadaíonn **an tUlchabhán Réisc**. Ar ainmhithe beaga mar an vól agus an leimín a chothaíonn sé é féin. Is minic é ag seilg i gcaitheamh an lae.

Ní bhreathnaíonn an dá éan seo cosúil le chéile ach is cearca fraoigh iad araon. In Éirinn agus i gcuid den Bhreatain, rua a bhíonn **an Chearc Fhraoigh**. Idir rua is bán agus bán ar fad a bhíonn **Cearc Fhraoigh na Sailí** ar mhór-roinn na hEorpa, ag brath ar an séasúr.

Tá **an Clamhán** ar na héin mhóra is minice a fheictear. Tá sé cosúil leis an Iolar Fíréan, ach tá sé níos lú agus níos dingthe.

Is í **an Riabhóg Mhóna** an t-éan beag is coitianta ar chaoráin. Ar fheithidí a chothaíonn sí í féin.

An Chearc Fhraoigh

Cearc Fhraoigh na Sailí

An Leimín

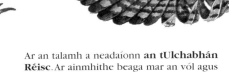
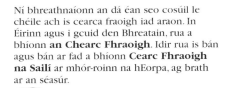

Dathanna de réir an tséasúir

An Tarmachan
sa samhradh

An Tarmachan
sa gheimhreadh

Is furasta don Tarmachan dul i bhfolach ar a naimhde mar go mbíonn sé ar aon dath leis an taobh tíre ina bhfuil sé. Donn, den chuid is mó, a bhíonn sé sa

samhradh. Iompaíonn sé bán sa gheimhreadh. I sléibhte thuaisceart na hEorpa a mhaireann sé.

Na Scréacháin

Tá sé de nós ag na Scréacháin feithidí, luchóga, laghairteanna, agus fiú éin bheaga a ghreamú de chraobhóga nó de shreang dheilgneach. Is maith ann iad na 'stórtha' bia sin nuair a bhíonn bia úr gann. Cuairteoir annamh samhraidh is ea **an Scréachán Droimrua**. I dtuaisceart na hEorpa a phóraíonn **an Mórscréachán Liath** agus eitlíonn sé ó dheas sa gheimhreadh. Bíonn siad le feiceáil ar fhálta, ar thoir, ar chrainn agus ar shreangáin.

An Scréachán Droimrua

An Mórscréachán Liath

Ciaróg

Imill chaorán a thaithíonn **an Liathchearc**. Bíonn cleite cuara ar eireaball an éin fhirinn – an dúchoileach.

Is é **an Fiach Dubh** an ball is mó d'fhine na bpréachán. Bíonn sé chomh mór leis an Clamhán. Eitlíonn sé go mall tréan agus iteann i ndiaidh a mhullaigh san aer scaití.

I bpoll i mballa nó i bpoll a thréig coiníní a dhéanann **an Clochrán** a nead.

Ar chaoráin agus sna cnoic a phóraíonn **an Fheadóg Bhuí** go hiondúil. Beireann sí ceithre ubh i nead ar an talamh.

Cois sruthán sléibhe a bhíonn **an Gabha Dubh** le feiceáil. Ar fheithidí a mhaireann san uisce a chothaíonn sé é féin.

Tá gaol ag **an Lon Creige** leis an Lon Dubh. I ngleannta iargúlta sléibhe agus ar chaoráin a mhaireann sé.

An Vól

Éin imirce

Gach uile bhliain, gluaiseann na milliúin éan ó chuid amháin den domhan go dtí cuid eile. Imirce a thugtar ar an ngluaiseacht sin. Tagann go leor éan ó dheisceart na hAfraice go dtí an Eoraip i mí Aibreáin agus i mí na Bealtaine. Ní bhíonn a ndóthain bia d'éin mar an Fháinleog i gcaitheamh an gheimhridh i ndeisceart na hAfraice i mí an Mheitheamh, i mí Iúil, agus i mí Lúnasa.

Eitlíonn na fáinleoga ó thuaidh chun pórú san Eoraip, áit a mbíonn a ndóthain bia. I ndeireadh Lúnasa agus i dtús Mheán Fómhair eitlíonn siad ó dheas mar a bhfuil an samhradh ag tosú. Arís, ar thóir bia a bhíonn siad.

Coinnigh cuntas ar na héin imirce. Déan nóta den dáta is luaithe agus is déanaí a bhfeiceann tú iad. Coinnigh cuntas ar aimsir an earraigh agus an fhómhair. An mbíonn tionchar ag an aimsir ar theacht nó ar imeacht na n-éan?

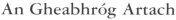

22 Aibreán
Aimsir the thirim.
Tháinig na chéad fháinleoga aneas.

An Fháinleog

1 I ndeisceart na hAfraice a chaitheann an Fháinleog an geimhreadh. Ach i mí an Mhárta, tosaíonn ealtaí ollmhóra díobh ag gluaiseacht ó thuaidh go dtí an Eoraip. Chun pórú a thagann siad aneas.

2 Níl ach fíorbheagán uisce san fhásach. Mar sin, eitlíonn na Fáinleoga thairis gan tuirlingt. Maireann siad ar an mbia agus ar an uisce a bhíonn stóráilte acu faoina gcraiceann i bhfoirm saille.

3 Bíonn an turas trasna na Meánmhara ar an gcuid is contúirtí den turas ar fad. An bealach is giorra, trasna Chaolas Ghiobráltar, a ghabhann go leor acu.

4 Faoi dheireadh na Bealtaine, bíonn a gceann scríbe sroichte ag a mbunáite agus a nead déanta acu. I ndeireadh an tsamhraidh, tosaíonn siad ag réiteach don turas fada ar ais go dtí deisceart na hAfraice.

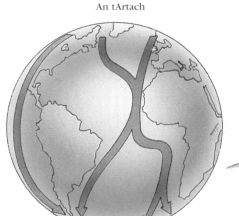

Achar 9,700 km (6,000 míle) a bhíonn i dturas na bhFáinleog.

An Eoraip

An Mheánmhuir

Gaineamhlach an tSahára

An Afraic

Ní léiríonn an tsaighead dhearg ach treo ginearálta na himirce. Scaipeann na héin amach thar limistéar fairsing.

An tArtach

An Gheabhróg Artach

Eitlíonn roinnt éan achar níos faide fós ná an Fháinleog. Orthu sin tá an Gheabhróg Artach. Póraíonn sí san Artach agus eitlíonn ó dheas an bealach ar fad go rinn theas Mheiriceá Theas agus na hAfraice Theas. Amuigh os cionn na farraige a dhéanann sí an chuid is mó den turas. Neadaíonn ealtaí móra de na héin seo le chéile. Dathanna an tsamhraidh atá ar an ngeabhróg atá léirithe thuas. Baithis bhán a bhíonn uirthi san fhómhar agus bíonn a gob agus a cosa beagnach dubh.

In áiteanna san Eoraip, bíonn ealtaí éan, e.g. an Storc Bán, le feiceáil ag fanacht ar an gcósta go dtiocfaidh an aimsir mhaith arís le go leanfaidh siad ar a dturas trasna na farraige.

Ball d'fhine an Smólaigh is ea an Deargán Sneachta. Breathnaíonn sé cosúil leis an Smólach Ceoil ach gur bándearg a bhíonn a chliathán. Cuairteoir geimhridh san Eoraip is ea é a thagann aduaidh ina ealtaí móra.

Cíor cosúil le cíor phearóide a bhíonn ar an Húpú. Ní cheapfá ar a eitilt liobarnach go mbeadh sé in ann eitilt rófhada ach eitlíonn sé ón Eoraip go dtí an Afraic gach uile fhómhar agus filleann sé arís san earrach.

An Storc Bán

An Deargán Sneachta

Cuairteoirí samhraidh

Baineann an Caipín Dubh agus an Ceolaire Sailí araon le fine na gCeolairí. Tá siad ar na cuairteoirí samhraidh is coitianta san Eoraip. As an Afraic a thagann siad. Fanann roinnt Caipíní Dubha san Eoraip sa gheimhreadh.

An Ceolaire Sailí

An Caipín Dubh

An Húpú

An Druid

Eitlíonn go leor druideanna ó dheas sa gheimhreadh. Meallann soilse geala mar thithe solais chucu iad. Maraítear go leor acu nuair a bhuaileann siad in aghaidh foirgneamh a bhfeiceann siad soilse iontu. Tá an Druid ar an éan is coitianta sna bailte móra agus sna cathracha.

Éin a aithint ar a méid

Éin atá ar aon mhéid leis an ngealbhan

Tugann na nótaí faoi gach éan a fhad ó ghob go heireaball. Éin atá mórán ar cóimhéid atá i ngach painéal. Taispeánann na spotaí daite cén áit ba cheart duit an t-éan sin a chuardach.

Ar aon scála amháin atá na héin go léir sa mhír seo tarraingthe.

- Uisce
- Coillte
- Bailte móra agus gairdíní
- Páirceanna

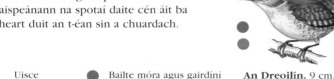

An Dreoilín. 9 cm. An t-éan is lú a fheicfidh tú i ngairdíní. Coinníonn sé a eireaball crochta os cionn a dhroma.

An Cíorbhuí. 9 cm. An t-éan Eorpach is lú. Cothaíonn sé é féin ar fheithidí agus ar dhamháin alla.

An Meantán Gorm. 11.5 cm An t-aon mheantán a bhfuil cloigeann gorm agus sciathái ghorma air. Ceann de na héin coitianta sa ghairdín.

An Snag. 12.5 cm. An t-éan seo atá cosúil le luchóg, bíonn sé ag dreapadh ar chrainn.

An Cnóshnag. 14 cm. Briseann sé cnónna lena ghob fada géar.

An Meantán Earrfhada. 14 cm. Bíonn eireaball an-fhada air. Feictear go minic ina ealtaí beaga é.

An Meantán Mór. 14 cm. Bíonn stríoc dhubh síos feadh a bhoilg.

An Meantán Dubh. 11.5 cm. Bíonn paiste bán ar bhaic a mhuiníl.

An Gabhlán Gainimh. 12 cm. Bíonn a dhroim agus a choiléar donn. Neadaíonn sé i bpoll i ndumhach ghainimh.

An Gabhlán Binne. 12.5 cm. Bíonn prompa bán air. Is giorra a eireaball ná eireaball na fáinleoige. Neadaíonn sé ina ealtaí móra.

An Fháinleog. 19 cm. Bíonn ucht dorcha agus eireaball fada uirthi. Feithidí a itheann sí.

An Gabhlán Gaoithe. 16.5 cm. Bíonn sciatháin fhada chuara air.

Éin atá ar aon mhéid leis an lon dubh

De réir an scála chéanna atá na héin seo go léir tarraingthe.

Éan fásta

Baineann

Fireann

Éan óg

An Druid. 21.5 cm. Ar nós na lachan a shiúlann sí. Ina healtaí móra a fheictear an t-éan coitianta seo go minic.

An Lon Dubh. 25 cm. Dubh ar fad a bhíonn an fireannach cé is moite dá ghob buí. Cluimhreach dhonn agus gob donn ar an mbaineannach (an Chéirseach) agus ar na héin óga.

An Smólach Ceoil. 23 cm. Breathnaíonn an fireannach agus an baineannach mar a chéile. Bíonn droim donn agus ucht ballach orthu. Is minic a itheann siad seilidí.

An Liatráisc. 27 cm. Is éan níos léithe ná an smólach ceoil í. Bíonn na spotaí ar an ucht níos mó agus níos cóngaraí dá chéile.

... Spideog. 14 cm. Déanann sí ...naíocht ar dhaoine. Ucht ar ...ath oráiste a bhíonn uirthi.

An Corcrán Coille. 14.5-16 cm. Bíonn mullach a chinn dubh agus bíonn prompa bán air.

An Glasán Darach. 14.5 cm. Bíonn prompa buíghlas air agus bíonn stríoc bhuí ar a sciathán.

An Lasair Choille. 12 cm. Bíonn aghaidh dhearg uirthi agus bíonn paistí dubh agus bán ar a cloigeann.

... Donnóg. 14.5 cm. Ar an ...lamh a fhaigheann sí a cuid bia. ...uaiseann sí go mall cúthaileach.

An Gealbhan Binne. 14.5 cm. Cloigeann liath is donn agus scornach dhubh a bhíonn ar an bhfireannach.

An Gealbhan Crainn. 14 cm. Bíonn mullach a chinn donn agus bíonn paiste dubh ar a leicne bána.

An Rí Rua. 15 cm. Bíonn stríoca bána ar a sciathán. Bíonn cleití bána ar gach aon taobh dá eireaball.

... Cruidín. 16.5 cm. Itheann sé ...sc, sliogiasc, agus torbáin.

An Ghlasóg. 18 cm. Éan cónaithe í an **Ghlasóg Shráide** ach is cuairteoir ón Mór-roinn í an **Ghlasóg Bhán** (18 cm).

An Fhuiseog. 18 cm. Bíonn cleití bána ar gach aon taobh dá heireaball.

An Bhuíóg. 16.5 cm. Cloigeann buí a bhíonn ar an bhfireannach.

An Ghleoiseach. 13.5 cm. Éadan agus ucht dearg a bhíonn ar an bhfireannach.

An Mórchnagaire Breac. 23 cm. ...íonn paistí móra bána ar a ...ciathán. Bíonn stríoc dhubh ó ...hob go muineál air.

An Cnagaire Glas. 32 cm. Bíonn baithis chraorag agus prompa buí air. Itheann sé seangáin ar an talamh go minic.

An Chuach. 33 cm. Bíonn eireaball fada uirthi. Beireann sí a cuid uibheacha i nead a bhaineann le héan eile.

An Pocaire Gaoithe. 34 cm. An Fabhcún is coitianta. Fanann sé ag ainliú tamall sula dtugann sé ruathar anuas ar a sheilg.

Cuimhnigh: Mura bhfeice tú pictiúr den éan a theastaíonn uait a aithint ar na leathanaigh seo, iompaigh go dtí leathanach roimhe seo a thaispeánann éin a chónaíonn san áit chéanna a bhfaca tú an t-éan atá i gceist agat.

Éin atá ar aon mhéid leis an bpréachán

De réir an scála chéanna atá na héin seo go léir tarraingthe.

An Fearán Baicdhubh. 32 cm. Bíonn leathchoiléar dubh ar bhaic a mhuiníl.

An Colm Coille. 41 cm. Bíonn paiste bán ar gach aon taobh dá mhuineál.

An Clamhán. 51-56 cm. Bíonn sciatháin leathana agus eireaball leathan air. Dúdhonn agus bánbhuí a bhíonn a chluimhreach.

An Scréachóg Reilige. 34 cm. Ulchabhán mór geal is ea é. Le titim na hoíche nó san oíche féin a bhíonn sé ag seilg. Bíonn iarsmaí dá chuid bia le fáil i bhfoirm millíní.

An Pilibín. 30 cm. Bíonn círín tanaí air. Nuair a bhíonn sé ag eitilt dubh is bán a bhreathnaíonn a sciatháin leathana.

An Faoileán Scadán. 56-66 cm. An faoileán is coitianta ar an gcósta. Bíonn gob mór buí air a mbíonn spota dearg air gar dá rinn. Sciatháin liatha a bhíonn air.

An Faoileán Ceanndubh (An Sléibhín). 35-38 cm. Sa gheimhreadh, in áit cloigeann dorcha a bheith air bíonn spota dubh taobh thiar dá shúile.

Éin atá ar aon mhéid leis an mallard

De réir an scála chéanna atá na héin seo go léir tarraingthe.

Cluimhreach shéasúr an ghoir (An t-earrach agus an samhradh)

An ghnáthchluimhreach (An geimhreadh)

An Chearc Cheannann. 38 cm. Níos mó ná an Chearc Uisce. Bíonn sí dubh ar fad ach go mbíonn gob bán agus baithis bhán uirthi. Is maith léi réimsí móra leathana uisce.

An Chearc Uisce. 33 cm. Gob dearg a bhíonn uirthi agus bíonn íochtar a heireabaill bán. Snámh preabach a bhíonn fúithi.

An Foitheach Mór. 48 cm. An foitheach is mó. Bíonn rufa donn timpeall a mhuiníl sa samhradh. Sa gheimhreadh, bíonn curcaí dubha ar a chluasa.

Baineann

Fireann

An Lacha Bhadánach. 43 cm. An lacha thumtha is coitianta. Bíonn cuircín fada sleabhctha ar an bhfireannach; bíonn an baineannach níos doinne agus bíonn cuircín i bhfad níos lú uirthi. Bíonn ealtaí móra díobh ar lochanna agus ar thaiscumair.

Baineann

Fireann

An Mallard. 58 cm. Cloigeann glas, coiléar bán agus ucht corcardhonn a bhíonn ar an bhfireannach. Bíonn paiste gorm agus stríoca bána ar sciatháin an dá ghnéas a bhíonn níos feiceálaí agus iad ag eitilt.

● Uisce ● Bailte móra agus gairdíní

● Coillte ● Páirceanna

An Charóg Dhubh

An Fheannóg

Fireann

Baineann

An Cág. 33 cm. Cloigeann liath a bhíonn air. Bíonn sé níos lú ná na préacháin a bhíonn dubh ar fad.

An Snag Breac. 46 cm. Éan mór dubh is bán é a mbíonn eireaball fada air. Cluimhreach dubh is bán air.

An Charóg Dhubh. (47 cm). Bíonn roinnt cleití liatha ar an bhfo-speiceas tuaisceartach a dtugtar **an Fheannóg** uirthi (47 cm).

An Rúcach. 46 cm. Is tanaí gob an Rúcaigh ná gob an Phréacháin. Aghaidh lom bhán a bhíonn air. Cleití gioblacha a bhíonn ar a cheathrúna.

An Crotach. 51-58 cm. Is é an tapaire is mó dá bhfuil againn é. Bíonn gob fada air a bhíonn lúbtha síos. Bíonn corp donn agus cosa fada air.

An Piasún. An fireannach 66-89 cm. An baineannach 53-63 cm. Éan mór géim é. Bíonn dathanna geala ar an bhfireannach; bíonn an baineannach níos doinne agus bíonn eireaball níos giorra uirthi.

Éin mhóra uisce

Ní de réir an scála chéanna atá na héin seo tarraingthe.

Eala Ghlórach

Eala Bhewick

Eala Bhalbh bhaineann

Eala Bhalbh óg

Eala Bhalbh fhireann

An Chorr Réisc. 90 cm. Éan mór liath a bhíonn le feiceáil go minic agus é ina sheasamh ar bhruach locha. I gcrann a bhíonn a nead go hiondúil.

An Broigheall. 90 cm. Smig bhán agus leicne bána a bhíonn ar an éan farraige seo. Le feiceáil go minic ina sheasamh ar charraig agus na sciatháin leata amach aige lena dtriomú.

An Eala Bhalbh. 152 cm. Bíonn gob oráiste uirthi agus cnapóg dhubh ag a bhun. Bíonn a muineál lúbtha aici agus í ag snámh.

Eala Bhewick agus an Eala Ghlórach. 122 cm agus 152 cm. Is lú gob Eala Bhewick ná gob na hEala Glórai agus bíonn paiste beag buí air. Coinníonn siad araon a muineál díreach agus iad ag snámh. Is cuairteoirí geimhridh iad.

INNÉACS

Fairtheoireacht Éan

Is é Cairde Éanlaith Éireann an eagraíocht is mó a bhíonn ag plé leis na héin in Éirinn. Tá os cionn 5500 ball gníomhach acu agus 2500 duine eile ag tabhairt tacaíochta dóibh. Is faoin ainm BirdWatch Ireland atá siad ag trádáil anois. Tá brainsí acu ar fud na hÉireann. Tá obair chaomhnaithe ar siúl acu ar bhonn lánaimseartha gairmiúil ach bíonn a lán imeachtaí oideachais, teaghlaigh agus sóisialta ar siúl acu chomh maith. Foilsíonn siad iris ráithiúil dar teideal *Wings*.

BirdWatch Ireland,
Teach Ruttledge,
8 Plás Longfoirt,
Baile na Manach,
Co. Bhaile Átha Cliath.
Fón: +353-1-280 4322
Facs: +353-1-280 4477
bird@indigo.ie
www.birdwatchireland.ie

Leabharliosta

Éin (An Gúm, 1996)
Éanlaith na hÉireann (An Gúm, 1988)
Ainmneacha Plandaí agus Ainmhithe (An Gúm, 1978)
Checklist of the Birds of Ireland (BirdWatch Ireland, 1998)
Ireland's Bird Life: A World of Beauty (Sherkin Island Marine Station, 1994)
Pocket Guide to the Common Birds of Ireland (Gill & Macmillan, 1993)
Bill Oddie's Introduction to Birdwatching (New Holland, 2002)
Collins Bird Guide (Collins, 1999)
The Complete Garden Bird Book (New Holland, 1996)
Gardening for Birds: How to help birds make the most of your garden (Collins, 2000)